세 상에 대하여
우리가
더 잘 알아야 할
교양

84

지은이 소개

지은이 필립 스틸

1948년 영국 서레이주의 도킹에서 태어났고 유니버시티 칼리지에서 현대 언어학을 전공했습니다. 런던의 여러 출판사에서 편집자로 일했고, 1980년대부터 프리랜서 작가로 진로를 정하고 이후 출판 컨설팅 회사를 설립했습니다. 역사, 자연, 사회 문제, 민족 및 문화 분야에 걸친 광범위한 주제로 다수의 어린이 정보책에 글을 써왔고, 저서로는 《세더잘 시리즈 65 인구 문제, 숫자일까, 인권일까?》 《세더잘 시리즈 66 기후 변화, 자연을 상품으로 대하면?》 《세더잘 시리즈 76 식량 안보, 국가가 다 해결할 수 있을까?》 《세더잘 시리즈 83 물, 아직도 부족할까?》 《가보고 싶은 세계의 건물들》 《타보고 싶은 세계의 탈것들》 《피라미드는 왜 뾰족할까요 왜 그런지 정말 궁금해요》 《이집트−신나는 역사 여행》 《고대 이집트의 비밀 미라》 《언론의 자유》 《갈릴레오 갈릴레이−우주의 중심을 바로잡은 천재과학자》 《종이로 만드는 기차의 역사》(공저) 등이 있습니다.

옮긴이 소개

옮긴이 윤영

서울대학교 미학과를 졸업하고 같은 대학원에서 고고미술사학과를 수료했습니다. 현재 번역 에이전시 엔터스코리아에서 출판기획자 및 전문번역가로 활동하고 있습니다. 옮긴 책으로는 《세더잘 시리즈 83 물, 아직도 부족할까?》 《과학 속 슈퍼스타》 《얼렁뚱땅 세계사 시리즈》 《세계 문화 여행: 일본》 《세계 문화 여행: 홍콩》 《세상의 끝에서 에덴을 발견하다》 《사랑해, 나는 길들여지지 않아》 《좀비 아이 1−2》 《살아남은 자들 1−6권》 《마녀 클럽 시리즈 1−4권》 《딩크던컨과 미스터리 수사대 시리즈》 《톰보이》 《타임리스 1−2권》 《쿵푸팬더 3 무비스토리북》 《그림 그리기는 즐겁죠》 《The Art of 인크레더블2》 등 다수가 있습니다.

세상에 대하여 우리가 더 잘 알아야 할 교양

필립 스틸 글 | 윤영 옮김

84

석유

고갈될까?

내인생의책

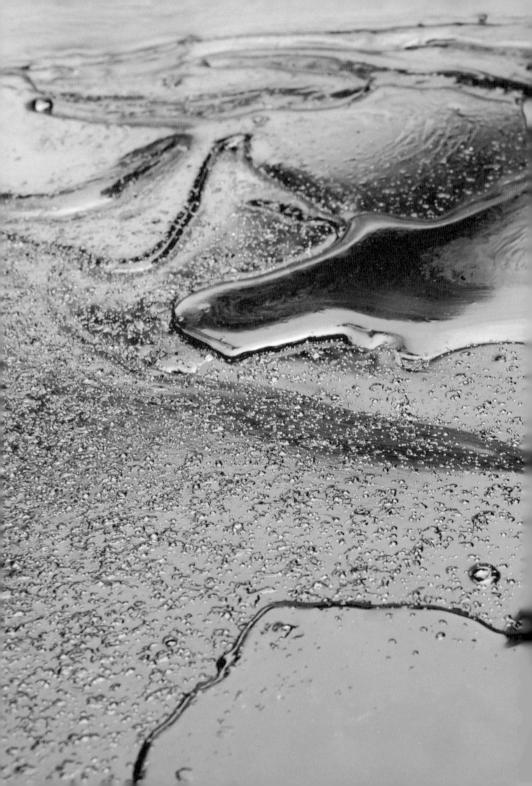

차례

※ 본문의 **굵은 글씨**로 표시된 단어는 96페이지 용어 설명에서 찾아보세요.

러시아

중국

이라크 이란

사우디
아라비아

■ 석유수출국기구(OPEC. 2019년 1월 기준): 알제리·
앙골라·콩고·에콰도르·적도기니·가봉·이란·이라크·
쿠웨이트·리비아·나이지리아·사우디아라비아·아랍
에미리트·베네수엘라 총 14개국.
나머지는 주요 석유 생산국임.

석유

는 곧 고갈될까요? 석유의 매장량이 유한하다고 보는 사람은 석유가 유기물의 퇴적 과정에서 생성되었다고 봅니다. 하지만 미국의 셰일가스(석유 포함)처럼 세계 여러 곳에서 생물이 퇴적되기 어려운 지층에서 석유가 대량으로 발견되고 있습니다. 그래서 어떤 사람들은 석유가 유기물의 퇴적되어 변환된 것이 아니라 지구의 근원 물질인 무기물에서 자연 발생했다고 봅니다. 어떤 사람의 말이 맞을까요? 만약 석유가 무기물에서 자연 발생했다면 이제부터는 마음 놓고 펑펑 써도 될까요?

석유와 가스에 관해 이야기할 시간입니다

석유가 고갈될 것인가를 논하기 전에 우리는 석유와 가스가 무엇인지부터 알아야 합니다. 우리는 자동차에 기름을 채우고 운전을 합니다. 말이나 당나귀를 타던 우리의 조상은 상상도 못 하겠지만, 우리에게는 극히 평범한 일상입니다. 우리는 석유와 **천연가스**가 이동의 자유와 편리한 삶을 보장하는 시대에 살고 있어요.

절대적인 에너지

정유 공장은 석유와 가스를 가공하여 자동차, 기차, 배, 비행기의 연료로 쓸 수 있도록 해줍니다. 우리는 이 놀라운 연료로 난방을 하고 **발전소**를 돌리고, 온갖 **플라스틱**과 화학제품을 만듭니다. 석유와 가스가 우리 삶을 훨씬 편하게 만들어 주었어요. 싫어할 이유가 없지 않나요?

'고개를 끄덕이는 당나귀'라는 별칭을 가진 오일펌프가 땅속 깊은 곳에서 원유를 끌어 올리고 있습니다. 이런 오일펌프는 중동 등 여러 국가에 있습니다. **원유**는 **정제**된 뒤에 다양한 연료로 쓰입니다.

문제라도 있나요?

과학자들은 공장에서 내뿜는 매연과 자동차 배기가스가 지구를 덥히고 **기후**를 변화시킨다고 합니다. 과연 자동차에 주유할 때마다 기름을 가득 채우는 게 현명한 일일까요? 하지만 우리가 원한다고 지금까지의 습관을 쉽게 바꿀 수 있을까요? 석유는 충분한가요? 영원히 뽑아 쓸 수 있을까요? 석유가 미래의 에너지인가요, 아니면 석유 시대는 막을 내리고 있을까요? 더 스마트하고 더 청정기술이 이런 문제를 일시에 해결할 수 있지 않을까요?

농장의 연료

우리는 석유와 휘발유를 생활의 모든 부분에서 거의 매일 사용합니다.
집 난방부터 식량 수확까지 말이에요.

석유 굴착 장치

석유는 깊은 해저면 밑에 주로 묻혀 있습니다. 바다 한가운데에 있는 굴착 장치가 석유를 시추합니다. 세계에는 1,400개가 넘는 굴착 장치가 있고, 200명이 넘는 노동자가 고용된 곳도 있습니다. 가끔 이런 시설에서 기름 유출 사고가 일어나면 해양 **생태계**에 큰 재앙을 불러일으킵니다.

스모그

2012년 5월 9일 중국 수도 베이징이 교통체증과 **스모그**로 시달리는 장면입니다. 세계의 많은 도시가 발전소, 공장, 운송 수단에서 **배출**한 오염물질로 고통을 받고 있습니다. 주민의 폐와 기도의 손상이 심히 우려됩니다.

우리는 그 어느 때보다 석유에 많이 의존해 편리한 삶을 구가하고 있지만, 또 그 어느 때보다 석유가 심각한 피해를 주는 시대에 살고 있습니다. 앞으로 각 장에서 석유에 관한 다양한 난제를 살펴보고 관련된 이슈에 대해 분석하고 논의합니다.

석유와 가스는 무엇인가?

석유와 천연가스는 **탄소**와 수소 원자가 결합하여 만들어진 **탄화수소**입니다. 땅에서 뽑아낸 그대로의 석유를 원유라고 부릅니다. 보통 끈적끈적하고 검은색을 띠지만 붉은빛이 나는 갈색일 때도 있습니다. 종류에 따라 묽은 것도, 진한 것도 있습니다. 땅에서 채굴한 천연가스도 탄화수소 혼합물이고, 주성분은 **메탄**(CH_4)입니다.

숫자 정보

원유는 일반적으로 탄소 85퍼센트, 수소 13퍼센트로 이루어져 있습니다. 나머지 2퍼센트는 **황** 같은 불순물입니다.

탄소 85% →수소 13% →불순물 2%

멕시코만 굴착 장치에서 석유 시추 후 여분의 가스를 태우고 있습니다.

숫자 정보

천연가스는 메탄 95퍼센트, 에탄 3.2퍼센
트, 프로판 0.2퍼센트로 구성되어 있습니다.

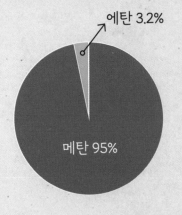

에탄 3.2%

메탄 95%

화석연료

석유와 가스는 **유기질**이라고 알려져 있습
니다. 하지만 무기질에서 생성되었다는 소수
의견도 있습니다. 6억 년에서 천만 년 전 사이의 생물이 퇴화되어 만들어졌습
니다. **화석연료**라고 부르는 이유도 이 때문이죠. 바다에 살던 셀 수 없이 많
은 동식물이 죽어 진흙 속에 묻혔습니다. 수 세기에 걸쳐 지각이 짓눌러지고

으깨지면서 진흙은 암석이 되었습니다. 암석은 오랜 시간 열과 압력을 받았습니다. 그 과정에서 탄화수소가 다공성 암석에 흡수되거나 딱딱한 암석 사이에 스며들었지요.

역사 속의 석유

몇몇 지역에서는 탄화수소가 지표면 위로 스며 나왔습니다. 수천 년 동안 사람들은 이 탄화수소로 불화살 같은 무기를 만들거나 불을 밝히는 데 이용했습니다. 땅속의 석유를 얻기 위해 우물을 파기도 했었어요.

19세기까지 중국인은 대나무로 만든 파이프를 사용하여 석유를 채굴했습니다. 마침내 1859년 미국, 에드윈 드레이크가 석유 시추를 위해 증기 굴착 장치를 발명했어요. 석유 시대가 개막한 것이죠.

다양한 쓰임새

석유와 가스가 왜 중요한 걸까요? 생활의 거의 모든 면에 영향을 주기 때문이죠. 우리는 석유를 단지 연료로만 사용하기 위해 정제하고 가공하지 않습니다. 석유를 수천의 산업 분야에 원재료로 이용합니다. 욕실, 부엌, 교실, 사무실이나 공장, 슈퍼마켓, 차고, 체육관 등 어디 들어갈 때마다 우리는 석유에 기반을 둔 제품에 둘러싸이게 됩니다.

연료에 대한 광적인 편애

휘발유나 경유는 자동차, 트럭, 기차, 배의 연료로 쓰입니다. 우리가 달리는 도로는 **아스팔트**로 덮여 있고요. 항공유는 주로 **등유**를 쓰고, **나프타**와

아스팔트 노동자가 고속도로에
석유 부산물인 아스팔트를 깝니다.

윤활유 석유에서 추출한 엔진 오일은
전 세계 차 수백만 대의 윤활유로 사용
됩니다.

비행기 운항 제트 여객기는 어마어마
한 양의 연료를 소비합니다. 보잉 747
점보기는 운행할 때 1킬로미터마다 12
리터의 연료를 태우지요.

등유를 섞어 쓰기도 하는데, 둘 다 석유와 가스에서 추출합니다. 집에서는
중앙난방 보일러가 석유나 가스로 돌아가지요. 발전소도 석유와 가스를 이
용하여 전기를 만듭니다. 어찌 보면 우리 삶은 석유에 지나치게 의존하고 있
어요.

플라스틱과 화학 물질

석유화학 물질은 염료, 세제, **살충제**, **비료**, 약을 제조할 때도 사용됩니다.

음식 석유 **화합물**로 만든 식품 방부제는 패스트푸드에서 많이 보입니다. 식품 포장재도 **폴리스타이렌**과 다른 플라스틱 재료로 만듭니다.

플라스틱 수없이 다양한 물건이 이 물병처럼 석유의 부산물인 플라스틱으로 되어 있습니다.

섬유 라이크라나 나일론 같은 섬유도 석유화학 물질을 포함하고 있습니다.

화장품 미네랄오일과 석유는 화장품의 기초 성분으로 사용됩니다.

플라스틱은 그 형태를 쉽게 변형시킬 수 있어서 가방, 포장재, 장난감, 냉장고, 식기 세척기, 전화기, 컴퓨터를 생산할 때 사용되며 건축 자재로도 쓰입니다. 심지어 인공 고관절, 무릎 관절도 플라스틱으로 만듭니다.

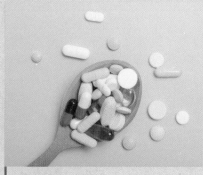

제약 약을 만들 때도 석유가 사용됩니다.

세제 수많은 세제가 석유화학제품입니다.

석유와 석유 제품은 지구상 어디에나 존재합니다. 이 물질을 어떻게 사용해야 할까요, 이런 제품은 자연환경과 인간 건강에 어떤 영향을 미칠까요? 이 질문은 오늘날 우리가 직면한 가장 큰 문제입니다.

숫자 정보

석유는 배럴이라는 단위로 측정합니다. 1배럴(Barrel)은 159리터(L)와 같습니다. 2016년 기준, 세계는 매일 9천6백만 배럴, 거의 1억 배럴의 석유를 소비합니다.

1배럴=159L

1장 석유와 가스 추출하기

석유는

기원전부터 방수제나 의료용으로 조금씩 사용되다가 19세기 중반부터 연료용으로 알려지면서 우리한테 '지금의 석유'로 다가왔습니다. 하지만 석유에 대해 우리는 여러 가지 억측과 오해를 하고 있습니다. 우리는 사우디아라비아나 중동 국가 가운데 하나가 전통적으로 석유 매장량이 가장 많을 것으로 착각하지만 그렇지 않습

매장량(Proven reserves) (단위: 백만 배럴)	U.S. EIA (2019시작)		BP (2017끝)		OPEC (2017끝)	
나라	순위	매장량	순위	매장량	순위	매장량
베네수엘라	1	302,809	1	303,182	1	302,809
사우디아라비아	2	266,260	2	266,208	2	266,260
캐나다	3	167,401	3	168,922	26	3,800
이란	4	155,600	4	157,200	3	155,600
이라크	5	147,223	5	148,766	4	147,223
쿠웨이트	6	101,500	7	101,500	5	101,500
아랍에미리트	7	97,800	8	97,800	6	97,800
러시아	8	80,000	6	106,187	7	80,000
리비아	9	48,363	10	48,363	8	48,363
나이지리아	10	36,182	11	37,453	9	37,453
미국	11	35,000	9	49,966	10	32,773

니다. 미국의 에너지정보청(EIA, Energy Information Administration)과 영국의 **BP** 그리고 석유수출기구(OPEC)의 국가별 원유 매장량을 기록한 앞의 표에 따르면 사우디아라비아는 2009년까지 석유 매장량이 1위였고, 2010년부터는 베네수엘라가 매장량 1위입니다. 2위가 사우디아라비아, 3위는 캐나다입니다. 캐나다가 3위가 된 것은 채굴 기술력 발전으로 **오일샌드**가 사용 가능한 석유가 된 덕분입니다. 3위 캐나다를 석유수출국기구에서는 26위로 보는데, 이는 석유수출국기구에서 오일샌드를 원유로 인정하지 않기 때문입니다. 러시아는 천연가스 매장량과 수출량이 전 세계 1위입니다.

하지만 우리 실생활에 영향을 많이 미치는 석유 생산량은 석유 매장량을 볼 때와는 순위가 사뭇 다릅니다. 미국은 1965년부터 1976년까지 석유 생산량 1위를 차지했습니다. 1976년부터 옛 소련이 1985년까지 1위를 차지했고, 그다음을 러시아가 1992년까지 1위 바통을 이어받았습니다. 1992년 이후 사우디아라비아가 2009년까지 1위를 했습니다. 그다음은 러시아와 사우디아라비아가 잠시 1위를 두고 각축전을 벌이다가 2015년 이후 미국이 현재까지 1위를 독차지합니다. 매장량 1위인 베네수엘라는 한때 3위까지 올라왔으나 계속 10권에 머물렀습니다. 석유는 고갈될 에너지인가를 논하기 전에 석유와 가스는 어떻게 추출되는지 이 장에서 살펴보겠습니다.

퇴적암에서 펌프까지

석유는 발견되는 순간부터 펌프에 도달하는 순간까지 여러 가지 많은 문제를 안고 있습니다. 우선 실제적이고 기술적인 문제가 있습니다. 육지나 바다 한가운데에 있는 암반 형성이 적절한지, 시추로 쉽게 석유를 얻을 수 있는

지, 큰돈을 벌만큼 매장량이 충분한지, 노동자가 안전하게 작업할 수 있는 환경인지? 이런 협의의 문제지요.

크나큰 영향력

하지만 좀 더 큰 광의의 문제가 있습니다. 현지 지역 사회는 석유 시추로 어떤 영향을 받을지, 시추와 석유 생산이 환경에 어떤 영향을 줄지, 작업이 땅, 바다, 공기를 오염시킬지, 결과물 자체가 **기후위기**를 더 악화시키지 않을 지 말입니다.

굴착 시설에서 일하기

말레이시아 유정에서 러프넥스(Roughnecks)라고 불리는 채굴 인부들이 시추 샤프트를 손보고 있습니다. 툴푸셔(Toolpusher, 감독)가 이 인부들을 관리합니다.

기술과 안전

지질학자들은 위성 기술과 **지진계**를 이용하여 새로운 유전을 발굴합니다. 시추는 진짜 엄청난 일입니다. 엔지니어가 바다에 고정되어 있거나 떠 있는 거대한 플랫폼을 제작하고, 유전 주변에는 유정을 파이프로 복잡하게 연결합니다. 헬리콥터를 타고 온 인부들은 시추를 위한 회전 굴삭기, 시추공을 뚫기 위한 콘크리트 케이싱, 기름 분출을 막는 압력 밸브 등을 작업합니다. 안전 절차도 엄격하게 지켜져야 합니다.

대침사

모든 게 잘못될 수 있습니다. 2010년 멕시코만에 있는 딥워터 허라이즌 시추 시설에서 기름 유출 사고로 폭발이 일어났습니다. 열한 명의 노동자가 목숨을 잃어야 했지요. 시추 시설은 가라앉고 해저에 있던 분유정은 수습이 될 때까지 87일 동안 원유가 유출되었습니다. 원유 대량 유출은 관광산업, 수산업, 해안과 야생 생물에 엄청난 재앙이 되었습니다. 이는 산업 역사상 가장 대규모로 기름이 유출된 참사였습니다.

해양작업지원선이 불타는 딥워터 허라이즌 시추 시설에 물을 뿌리고, 미국 연안경비대가 실종된 선원을 수색하고 있습니다.

새로운 유전 발굴의 장단점을 따지자면

· 이전보다 유정을 찾고 개발하기가 쉬워졌습니다.
· 일자리가 늘어납니다.
· 새로운 기술을 개발하게 됩니다.

· 시추와 생산과정에서 환경은 위험에 노출됩니다.
· 엄청난 참사의 진원지가 될 수 있습니다.
· 현지 지역 사회와 생활 방식에 혼란을 야기할 수 있습니다.

전통 석유 시추법과 셰일가스 시추법(프래킹)

종종 천연가스와 석유가 같은 유정에서 나옵니다. 천연가스에 ('슬러그'라고 알려진) 석유 찌꺼기가 포함되어 있으면 파이프를 통해 터미널로 옮겨진 뒤 제거합니다. 불필요한 가스는 태워서 공중에 날려 버립니다. 이 불은 공기를 오염시킵니다. 그래서 사용하지 않은 가스를 다시 지하 탄화수소 저장 층에 주입하기도 합니다.

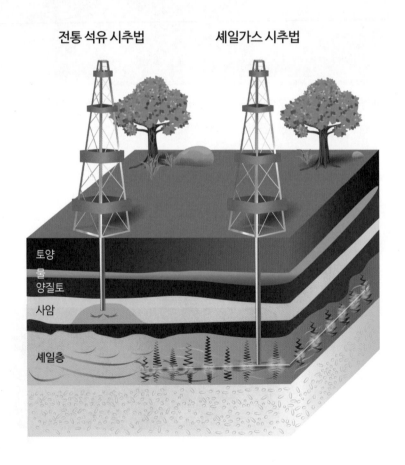

전통 석유 시추법   셰일가스 시추법

토양
물
양질토
사암
셰일층

셰일가스(석유 포함)

셰일가스는 수압파쇄법 또는 프래킹이라고 불리는 과정을 거쳐 추출할
수 있습니다. 요즘 미국에서 널리 사용되는 기법이지요. 육상과 해상에서 두
루 사용됩니다. 셰일가스는 일반 석유에 비해 깊은 지층에 매장되어 있고 넓
게 퍼져 있습니다. 보통의 시추공은 일자형으로 수직으로 지층을 뚫고 내려
가지만, 셰일가스 시추공은 'L'자 형태로 시추합니다. 가스를 포함하고 있는

지하수

유정

대수층

③

프래킹(셰일가스 추출법)

프래킹의 위험 : 셰일가스에서 나온 오염원은 우리가 마시는 물이 모여 있는
①대수층으로 올라옵니다. ②프래킹 과정과 ③시추관의 균열한 틈으로 나와
스며드는 겁니다.

셰일 퇴적암에 구멍을 뚫어 물, 화학약품, 모래를 높은 압력으로 주입합니다. 그러면 암석이 깨지면서 가스(석유)가 나오는 거죠.

셰일 가스 생산은 미국 경제를 크게 성장시켰고 천연가스와 석유 가격을 내렸습니다. 옹호자들은 셰일 가스는 잘만 관리하면 안전하고 깨끗하다고 주장합니다.

하지만 프래킹을 비판하는 사람이 많습니다. 그들은 프래킹이 물을 어마어마하게 낭비하고 **지하수면**을 오염시킨다고 주장합니다. 셰일 암석 파괴 때문에 지반 **침하**와 약한 지진이 초래될 수 있다고 주장합니다. 그래서 사람이 많은 도시 근처는 특히 위험하다고 해요. 미국은 프래킹 기법으로 석유의 43퍼센트를, 가스의 67퍼센트를 추출합니다.

> "프래킹은 기후위기를 가속시키고, 환경을 오염시킬 것입니다. 그리고 화석연료에 대한 의존도를 줄여야 할 시점임에도 오히려 의존도를 더 높일 것입니다."　　　　－ 캐럴린 루카스, 영국 녹색당 국회의원, 2014

비튜멘(Bitumen, 아스팔트의 동의어로, 검은색 혹은 흑갈색의 점착성을 갖는 반고체 혹은 고체로, 이황화탄소에 용해된 탄화수소 혼합물)을 함유한 오일샌드는 보통 진흙, 모래 그리고 물의 혼합물입니다. 이 탄화수소물은 타르처럼 진하고 끈적끈적하지요. 캐나다에서 땅에 수증기와 화학 물질을 주입하거나 부분적으로 **연소**시켜서 많이 캡니다. 오일샌드 채굴 반대론자는 오일샌드 채굴이 심각한 대지의 오염과 환경적 피해를 낳는다고 경고합니다. 오일샌드

에서 나온 오염물질이 강으로 유출되고, 아직 세계적인 청정지역으로 남아
있는 캐나다의 북극을 훼손한다고 주장합니다.

끈적끈적한 것

이것이 오일샌드입니다.
여기서 쓸모 있는 기름을 추
출하려면 매우 비싸고 복잡
한 공정을 거쳐야 합니다.

논란이 많은 채굴

막대한 양의 오일샌드를 땅속에서 캐내려면 거대한 기계가 필요합니다. 오일샌드 광산은 캐나다 앨버타에 많지만, 세계 여러 곳에 산재해 있습니다.

프래킹의 장단점을 따지자면

· 기존의 방법으로 캘 수 없는 석유를 이용할 수 있습니다.
· 유가를 내리는 데 한몫을 합니다.
· 경제에 도움이 됩니다.

· 지하수면을 오염시킵니다.
· 지반 침하와 지진을 유발할 수 있습니다.
· 물을 대규모로 낭비합니다.

석유, 가스 수송하기

탄화수소는 산소와 접하면 휘발되기 때문에 땅 밖으로 나오면 저장을 하거나 공기 중으로 날아가지 않게 준비해야 합니다. 원유는 정유공장에서 황 같은 불순물을 제거하는 공정을 거칩니다. 그다음에는 398℃까지 가열합니다. 서로 다른 온도로 원유를 냉각하면서 휘발유, **디젤**, 등유 등을 뽑아내는 것입니다. 원유와 정제된 각종 기름은 운송되고, 천연가스도 압력을 가해 액체 상태로 만든 뒤 수송합니다.

파이프로 수송하라!

파이프라인은 탄화수소를 운반하기에 가장 편리한 방법입니다. 파이프는 플라스틱이나 강철로 만들어지며 바다 밑, 지하, 지상 어디에나 놓을 수 있습니다. 액체가 시속 약 5~12킬로미터 속도로 흐르게 펌프가 작동합니다.

여기에도 문제가 있습니다. 파이프라인은 환경적 피해를 야기할 수 있습니다. 특히 북극 툰드라 같은 취약한 서식지에는 치명적일 수 있어요. 여러 나라를 가로지르는 파이프라인도 있는데, 정치나 경제적 분쟁이 일어났을 때는 쉽게 공급이 끊깁니다. 군대나 테러리스트의 공격에 항상 노출되어 있죠.

러시아의 서부 시베리아, 툰드라 지역에 가스 파이프라인이 지그재그 뻗어 있습니다. 세계에서 가장 긴 가스 파이프는 러시아와 우크라이나 사이에 있습니다.

유조선과 유출

뱃길로 기름을 운반하는 건 대형 유조선의 몫입니다. 어떤 유조선은 한 번에 원유 3백만 배럴을 운송할 수 있어요. 대신 작은 유조선은 작은 항구와 운하에 접근할 수 있습니다. 유조선은 공격당할 위험이 파이프라인보다 더 큽니다. 2009년 1억 달러어치의 석유를 싣고 가던 '시리우스 스타(MV Sirius Satr)'가 소말리아 해적에게 억류당한 적이 있습니다. 그들은 몸값으로 3백만 달러를 요구했죠.

예전에도 파이프라인이나 유조선의 기름 유출은 있었고, 육지와 해상에 끔찍한 오염을 일으켰습니다. 최근에는 성적이 많이 좋아진 편입니다. 하지만 2015년만 하더라도 싱가포르와 터키에서 두 건의 유조선 충돌로 인해 대량 기름 유출 사태가 있었습니다.

기름 유출

유조선 틈에서 기름이 유출되면 바다 표면, 해안의 암석과 모래가 모두 기름으로 시꺼멓게 뒤덮입니다. 이걸 모두 깨끗하게 제거해야 합니다.

야생 동물의 죽음

유출된 기름은 야생 동물에게도 치명적입니다. 바닷새의 깃털은 기름이 묻으면 방수 능력이 사라집니다. 결국, 헤엄을 치지 못하고 익사합니다.

숫자 정보

세계에서 가장 큰 유조선은 '시와이즈 자이언트(Seawise Ginat, 1979~2009)'

였습니다. 길이가 458미터로 축구 경기장의 다섯 배나 되죠.

거대 유조선의 장단점에 대해 따지자면

· 적재량이 어마어마합니다.
· 경제성 측면에서 기름을 운반하는 가장 효율적인 방법입니다.
· 필요할 때는 기름 저유소로 쓸 수 있습니다.

· 너무 거대해서 일부 항구나 운하에는 접근할 수 없습니다.
· 충돌이나 난파 사고로 기름이 유출되면 말 그대로 재앙입니다.
· 작은 배에 공격당하거나 피랍될 수 있습니다.

극지방 시추

석유 시추는 어렵습니다. 북극해에서 시추하는 건 더 특이한 도전이 되겠죠. 북극 주변 지역은 일 년 내내 얼어 있습니다. 외곽 지역도 짧은 여름 동안만 얼음이 녹습니다.

■ **대부분 석유 매장 층은** 물밑이나 지하 약 500미터 깊이에 있습니다. 하지만 불가능은 없습니다. 미국인은 1968년부터 알래스카 프라도만 유전에서 석유를 캐고 있습니다.

알래스카 프라도만에 있는 석유 파이프라인과 돌턴 고속도로입니다.

■ **최근 북극해 빙하가** 줄고 있습니다. 미래에는 이 지역에서 석유와 가스를 얻는 게 더 쉬워질 것입니다. 하지만 그게 좋은 일인지는 모르겠습니다.

■ **아직 발견되지 않은** 가스 30퍼센트와 석유 13퍼센트, 즉 1천6백억 배럴이 북극에 묻혀 있을 거라고 예상됩니다. 엄청난 경제성이 있다는 뜻이죠.

■ **북극에서 대규모 기름 유출 사고가 일어나는 걸** 상상할 수 있겠습니까? 북극 생태계는 풍부한 해양 생물, 어류, 바닷새, 바다코끼리, 물개, 북극곰에 기대고 있습니다.

■ **북극 얼음이 주는 이유는** 기후위기 때문입니다. 더 많은 석유를 얻겠다고 북극을 시추하기 시작하면 인류의 미래는 훨씬 더 암담해질 것입니다.

■ **북극에 사는 사람들의 생계는 오염되지 않은** 환경이어야 가능합니다.

■ **워낙 오지라,** 유출 사고가 일어났을 때 사람과 장비가 접근하기는 굉장히 어렵습니다. 게다가 겨울은 길고 어둡고 컴컴한 데다가 심각하게 춥습니다.

'북미 순록이 북극으로 이동하는 모습은 내 인생 최고의 장관 중 하나이다. 더 정확히 말해 신성함을 느껴 달까. 하지만 유전에서 신을 느끼기는 쉽지 않을 것이다.'

- R. 글렌든 브링크, 미국 환경 운동가, 《Yearning Wild》, 2001

북극의 기후는 매우 험악하지만,
툰드라와 북극의 생태계는 매우 취약합니다.

2장 발전일까, 문제일까?

교통 체증

이 장에서는 석유의 발견이 분명 우리 인류에게 큰 축복이었음에도 왜 문제가 되고 있는지 살피겠습니다. 인류는 석유에 애착이 많습니다. 1886년 휘발유 자동차가 개발되면서부터 그 애정의 서막이 올랐죠. 내연기관은 오늘날에도 여전히 우리 인류의 마음을 설레게 합니다. 산소와 만난 연료가 연소하면 고압으로 가스를 분출합니다. 그러면 엔진이 작동하면서 자동차가 살아 움직입니다.

교통 체증 때문에 주요 도시 시내로 통하는 길이 막혀 있습니다. 운전자는 몇 시간 동안 차 안에 갇혀 짜증이 나고, 공기가 더러워집니다.

안 좋은 연기

하지만 안타깝게도 자동차에서 배기가스, 즉 연료가 연소하면서 기체 혼합물이 배출됩니다. 배기가스의 독성을 줄이는 **촉매 변환 장치**를 거치지만, 어쨌든 **배기구**를 통해 나온 가스는 공기를 오염시킵니다. 배기가스에는 이산화탄소(CO_2), 질소, 수증기, 다른 화학 물질도 극미량 섞여 있습니다.

자동차 점검

많은 나라에서 차가 운전하기에 안전한지, 엔진에서 오염 물질이 많이 배출되는 것은 아닌지 정기적으로 점검을 받도록 하고 있습니다.

건강에 대한 위험

영국에서만 배기가스로 매년 5천 명이 사망합니다. 배기가스는 천식, 심장 질환, 폐암 같은 질병과도 연관이 되어 있습니다. 베이징이나 LA 같은 대도시에서는 배기가스가 다른 형태의 공기 오염물질과 만나 햇빛에 반응하여 숨이 턱턱 막히는 스모그를 발생시킵니다.

어떤 대책이 가능할까?

도시 중심지의 차량 통행을 차단할 수 있습니다. 등교하거나 출근할 때 걷거나 자전거를 탈 수 있습니다. 차를 공유하거나 대중교통을 이용해도 좋겠죠. 자동차 제조사는 연료 효율을 높여 배기가스를 줄이거나, 대체 연료로 가는 차를 개발하거나, 기름을 덜 먹는 자동차 디자인을 연구할 수도 있죠.

숫자 정보

1960년 미국에 등록된 자동차와 소형 트럭의 수는 7천5백만 대였습니다. 2015년에는 2억 5천8백만 대로 늘었습니다.

내연기관차의 장단점을 따지자면...

· 이동의 자유를 획기적으로 올려주었습니다.
· 중요 기간산업을 받쳐줍니다.
· 과거와 비교해 오염량이 줄었습니다.

· 교통 체증으로 도시의 출입을 번거롭게 합니다.
· 배기가스로 공기를 오염시킵니다.
· 기후위기의 원인이 됩니다.

발전기

이 세상은 전기로 움직입니다. 하지만 그런 전기를 생산하는 발전소는 여전히 화석연료를 사용합니다. 석유, 가스, 석탄으로 물을 기열하여 증기를 만들어 냅니다. 그 증기로 전기를 만드는 터빈을 돌리는 거죠. 이런 탄화수소가 연소하면 대기 중에 가스가 배출되어 우리가 숨 쉬는 공기가 오염되고 기후위기가 일어납니다.

독일의 석탄발전소 냉각 타워에서 수증기가 뿜어져 나오고 있습니다. 독일은 재생 에너지 자원 사용을 확대하고 있으며 실제로 2020년 현재 태양광발전의 전기 단가가 화력발전의 전기 단가보다 낮습니다.

발전소가 만드는 오염

석탄은 연소할 때 화석연료 중에서 가장 많은 오염 물질을 배출하기 때문에 가장 저급한 것으로 꼽습니다. 반면 천연가스는 가장 깨끗한 연료로 대접받습니다. 하지만 정도의 차이만 있을 뿐, 모두 이산화탄소를 배출합니다. 화석연료는 이산화황(SO_2)도 배출합니다. 이산화황이 대기 중의 수증기와 섞이면 산성비가 내리고 숲, 호수, 야생동물 심지어 건물에까지 해를 끼칩니다. 굴뚝에 필터를 설치하는 등 발전소의 유해 물질 배출량을 줄이려고 노력을 하지만 이런 식의 에너지 소비는 절대로 오염을 막을 수가 없습니다. 채굴, 시추, 수송, 건설까지 감안하면 탄화수소로 전기를 생산하는 이상 오염을 완전히 차단할 길은 없습니다.

에너지 전환

독일은 이미 탄화수소(석탄, 석유)와 원자력 발전을 거부하고 있습니다. 둘 다 유한하고, 언젠가는 고갈됩니다. 둘 다 환경에 부정적이기도 하고요. 또 수입해 와야 해서 공급이 불안정할 수밖에 없는 에너지이기도 합니다. 대신 독일은 풍력이나 **태양광발전** 같은 재생 가능한 연료 개발에 집중하는 등 에너지 전환에 박차를 가하고 있습니다. 그리고 2030년부터 내연기관차의 판매를 금지한다고 공포했습니다. 유럽연합은 본부가 있는 브뤼셀에 2030년부터 내연기관차의 통행을 금하기로 했습니다. 사실상 유럽에서의 내연기관차의 종말을 선언한 셈입니다. 이건 무척 고무적인 일입니다.

이 풍력 발전기는 독일 동부, 브란데 부르카 인근에 있습니다. 독일은 거의 2만8천 개의 풍력 터빈이 있고, 앞으로 더 설치할 계획입니다. 예전에는 풍력이나 태양광발전과 같은 기술이 현실적이지 않은, '꿈의 기술'로 보았다면 지금은 대체할 수 있는 경제적인 에너지로 전환되고 있습니다.

숫자 정보

2015년 영국은 전기를 석탄 23퍼센트, 석유 30퍼센트, 원자력 21퍼센트, 태양광이나 풍력 발전 같은 재생 가능한 에너지 24퍼센트, 나머지 2퍼센트는 석유나 다른 자원을 이용해 생산합니다.

석탄 23%

석유 30%

화석연료를 따지자면

· 공기를 오염시킵니다.
· 기후위기를 일으킵니다.
· 재생할 수 없습니다.

판타스틱한(?) 플라스틱

우리는 평상시에는 석유가 플라스틱과 관련 있다는 걸 잊고 삽니다. 하지만 1950년 이후 석유 정제 과정에서 나프타가 생산되기 시작하면서 다양한 플라스틱 제품이 생산되었습니다. 당시로서는 정말 엄청난 물질이었습니다. 물건을 만들 재료로는 나무나 쇠 종류밖에 없었던 당시의 사정을 감안하면 정말 획기적인 재료였습니다. 그래서 슈퍼마켓 선반도 플라스틱으로 만들었고, 그 위의 상품도 플라스틱으로 포장되어 있으며, 우리는 또 그 상품을 플라스틱 비닐봉지에 담아 갑니다. 심지어 계산도 플라스틱 카드(신용카드)로 하게 되었습니다.

놀라운 물질

폴리머는 화합물입니다. 같은 **분자** 구조가 반복되어 만들어진 긴 사슬 같은 형태이지요. 폴리스타이렌 같은 **열가소성수지**는 열을 가하면 부드러워지고 식히면 단단해집니다. **폴리우레탄** 같은 **열경화성수지**는 열을 가할수록 더 단단해집니다. 굳으면 다시 모양을 바꿀 수 없습니다. 플라스틱은 정말 굉장한 물질입니다. 구부러질 수도, 늘어날 수도, 부드러워질 수도, 단단해질 수도, 딱딱해질 수도, 강해질 수도 있어요.

플라스틱은 생산 단가가 저렴하며, 밀봉 포장이 가능합니다. 그래서 음식이나 음료수를 저장하기에 이상적인 물질입니다.

쓰레기와 폐기물

플라스틱은 사용 빈도가 지나치게 많다 싶을 만큼 성공적인 물질입니다. 하지만 플라스틱은 불필요한 음식물 포장지가 되어 쓰레기통을 가득 채웁니다. 얇은 비닐봉지가 도시의 거리를 날아다닙니다. 플라스틱 쓰레기가 세계의 강을 뒤덮습니다. 미세플라스틱은 바다에 모여 물고기의 배 속으로 들어갑니다. 어떤 플라스틱은 생분해성입니다. 그래서 자연적으로 분해가 됩니다. 하지만 보통 플라스틱은 분해되는 데 5백 년에서 천년이 걸립니다. 미국은 27퍼센트의 플라스틱만 **재활용**하고 나머지는 소각하거나 매립하고 있습니다.

몰디브 틸라푸시섬에 플라스틱 쓰레기가 산을 이루고 있는 모습입니다. 이 인공섬은 쓰레기 매립지용으로 만들었는데요, 길이가 7킬로미터에 폭이 200미터입니다.

숫자 정보

미국에서 매년 350억 개의 플라스틱 물통이 버려집니다.

X 350억 개

플라스틱 독성

어떤 플라스틱에는 암을 유발하거나 건강 문제를 일으키는 화학 성분이 첨가됩니다. 열을 받거나 깨지거나 닳으면서 독성 물질을 배출하는 플라스틱도 있습니다.

플라스틱의 장단점에 대해 따지자면

· 온갖 종류의 상품을 만들 수 있습니다.

· 제작비가 저렴합니다.

· 재활용됩니다.

· 낭비할 때가 많습니다.

· 독소를 포함하고 있습니다.

· 세계의 바다를 오염시킵니다.

지구의 변화

백 퍼센트 좋거나, 백 퍼센트 나쁜 기술은 없습니다. 그리고 인류사에서 석유와 가스만큼 우리의 삶을 통째로 변화시킨 에너지 또한 없었습니다. 석유와 가스는 인류의 위대한 꿈을 실현했어요. 심지어 세계를 날아다닐 수 있게 만들었습니다. 하지만 그럴수록 우리 지구가 병들고, 우리의 진정한 삶이 망가지고 있는 건 아닐까 생각해야 합니다.

■ **탄화수소 덕분에** 현대사회가 확립되었고, 국가 간의 거리가 줄어들었습니다. 교통의 혁명으로 여행과 무역의 세계가 활짝 열렸으며, 서로 다른 문화를 이해할 수 있게 되었죠.

■ **화석연료는** 경제성장을 일으켜 일자리를 창출했으며 가난한 나라의 발전을 가능하게 했습니다.

■ **화석연료를 이용한 발전소가** 우리에게 빛, 열, 따뜻한 물을 가져다주

었어요. 덕분에 공부하는 것도, 청결과 건강을 유지하는 것도 쉬워진 데다가 요리하거나 공장과 사무실에서 일하는 능률도 올라갔습니다.

☐ **화석연료 덕분에** 새로운 기술과 플라스틱 같은 완전히 새로운 소재의 개발이 가능했습니다.

■ **세상이 더 좁아졌을지 모르겠지만,** 그 때문에 지역 문화가 파괴되고 불공정 무역이 심화하였습니다.

■ **석유 덕분에 몇 사람과** 회사, 국가만 부유해졌어요. 하지만 여전히 많은 사람이 가난해요. 이런 식으로는 모두에게 평등과 평화가 찾아올 수 없어요.

■ **화석연료는** 땅, 바다, 공기를 혼탁하게 오염시켰어요. 온 세상을 플라스틱 쓰레기 더미로 가득 채웠고요. 서식지를 파괴했고 야생동물을 멸종시켰어요. 또 인류의 건강에도 문제를 일으켰고요.

■ **석유와 가스가 야기한** 가장 심각한 변화? 바로 기후위기입니다. 지금 현재도 악화일로입니다.

태국 방콕 타라드 노이(Talad Noi Community)의 오래된 건물 옆에 펑크 난 차가 버려진 채 썩고 있습니다. 20세기에는 석유가 저렴해서 많은 사람이 자가용이 있었습니다.

3장 석유와 정치

석유의 패권은 누가 쥐고 있을까? 미국? 사우디아라비아? 러시아?

검은 ^금 석유와 정치, 이 또한 흥미로운 주제입니다. 지구상에는

알다시피 많은 석유가 매장되어 있습니다. 하지만 이 석유를 차지하기 위해 인류의 많은 세력들이 총소리를 내고 있습니다. 화석연료는 또 인류의 경제 양극화를 심화시키는 데에도 큰 역할을 했습니다.

수천 년 동안 금은 부의 최고 상징으로 여겨지고 있습니다. 하지만 1900년대 무렵, 금보다 덜 반짝이는데 금과 우열을 겨루는 강력한 라이벌이 등장했습니다. 바로 석유입니다. 석유는 극소수의 개인을 믿을 수 없을 정도의 큰 부자로 만들었습니다. 미국 스탠더드 석유회사의 설립자 존 D. 록펠러(1839~1937)는 현재 가치로 자산 6천억 달러를 벌었다고 해요.

오일 리치이거나 오일 푸어

석유 매장량에 따라 국가의 부가 결정되었습니다. 아라비아, 페르시아만의 사막 지역은 가난한 어촌 지역이었지만 석유 덕분에 마천루와 저택이 즐비한 도시로 변모했습니다. 베네수엘라 같은 나라는 석유와 가스 수출로만 국가 경제를 꾸릴 수 있을 정도였습니다. 하지만 베네수엘라는 지나친 석유에 대한 의존으로 현재의 경제 상태는 좋지 않습니다. 한국 같은 나라들은 석유나 가스가 매장되어 있지 않아 필요한 에너지 대부분을 수입할 수밖에 없었죠.

두바이 한 거리에 페라리 슈퍼카가 주차되어 있습니다. 중동의 많은 국가가
석유 생산으로 세계 최고의 부국이 되었습니다.

> '어떤 사람들은 석유를 찾아내지만, 어떤 사람은 찾지 못한다.'
> J 폴 게티(1892-1976), 미국 석유 억만장자

흥망성쇠

석유수출국기구(OPEC)는 세계의 석유 시장을 주도하려고 노력하지만,
사업에는 흥망성쇠가 있는 법입니다. 유가는 공급과 수요, 새로운 유정 발
견이나 새로운 과학기술의 예견, 전쟁 발발의 가능성 혹은 경제 주기나 미국
셰일 가스와의 경쟁 등을 통해 결정됩니다. 한편 유가는 모든 상품의 가격과

운송비에 영향을 끼칩니다. 석유 그 자체의 가격뿐만 아니라 전반적인 삶의
비용에 영향을 주지요.

석유왕

존 D. 록펠러는 석유, 금융, 부동산으로 세계 최초의 억만장자가 되었습니다. 1900년에 은퇴 40주년을 기념하여 찍은 사진입니다.

석유로 얻은 부를 따지자면

· 한 국가의 흥망성쇠를 좌우할 수 있습니다.
· 세계 무역을 증진합니다.
· 새로운 일자리가 생깁니다.

· 유가가 폭락하면 하룻밤에 부가 사라질 수 있습니다.
· 가난한 사람보다 부자에게 부가 편중되는 경향을 강화했습니다.
· 석유 회사가 너무 과한 권력을 갖습니다.

1991년 이라크 군대가 퇴각한 뒤,
쿠웨이트의 유전이 불타면서 시커먼 연기를 내뿜고 있습니다.

정치와 권력

석유와 가스는 큰돈을 의미합니다. 그리고 정치적 권력과 연결되죠. 한 나라가 탄화수소가 가득한 암반 위에 자리를 잡았다는 것은 복권 당첨처럼 운이 좋았던 것을 의미합니다. 정치나 무역 분쟁, 심지어 전쟁까지 불사하며 석유와 가스로 부를 쌓으려는 국가를 제어하기는 쉽지 않지요. 중국은 석유 채굴권을 따내기 위해 본토에서 수백 킬로미터 떨어진 섬에 대한 영유권 분쟁을 하기도 합니다.

에너지 독립

다른 나라에서 에너지를 수입하기를 원하는 국가는 없습니다. 그 자체로 약자의 위치로 전락하기 때문입니다. 서유럽은 러시아와 연결된 가스 파이프라인에 의존하고 있는 현실을 두려워합니다. 러시아가 언제라도 공급을 중단할 위험이 있기 때문입니다. 즉 에너지 독립은 정치적·경제적 독립을 의미합니다. 세계화된 경제에서는 오로지 재생 가능한 에너지만이 에너지의 안전한 공급을 보장할 수 있습니다. 바람이나 햇빛은 다른 나라에서 스위치를 내린다고 꺼지지 않습니다.

누가 석유를 차지하는가?

영국, 프랑스, 미국은 백 년이 넘도록 석유가 많이 매장된 중동 지역의 정치적 구도를 바꾸기 위해 노력했습니다. 서구의 석유 회사는 1908년 페르시아(현재 이란)의 석유 생산권을 손에 넣었습니다. 이후 민주적으로 선출된 이란 정치인들이 석유 산업을 **국유화**하고 가격을 통제하려고 애써 보았지만 늘 권력에서 퇴출의 쓴 맛을 봐야 했고, 서구 국가들은 여전히 그들의 야욕을 굽히지 않고 있고, 중동 여러 나라도 그들의 석유에 대한 지배권을 양보할 생각이 없습니다.

오일 전쟁

왜 국가의 군대, 게릴라, 테러리스트는 석유를 두고 전쟁을 벌일까요? 이들은 운하나 파이프라인 같은 석유 수송 루트를 지키거나 통제하기를 원합니다. 수익성 있는 유전 지역을 손아귀에 넣고 싶어 하고, 적의 유정을 파괴하려 듭니다. 제1차 세계대전(1914~1918), 제2차 세계대전(1939~1945), 수에즈 위기(1956), 비아프라전쟁(나이지리아, 1967~1970), 그리고 1980년부터 현재까지 이어진 중동과 북아프리카에서 일어난 대부분의 전쟁에서 석유는 주요한 원인이었습니다.

이렇게 싸울 가치가 있는가?

전시에는 적의 연료 공급을 차단하기 위해 수단과 방법을 가리지 않습니다. 제2차 세계대전 중 미국 폭격기가 독일 나치의 함부르크 정유시설 3곳을 공습하고 있는 장면입니다.

숫자 정보

1990년 이라크 군대는 쿠웨이트에서 철수하면서 600개가 넘는 쿠웨이트 유정에 불을 질렀습니다.

석유 전쟁에 대해 따지자면

· 수백만 명의 죄 없는 목숨이 희생됩니다.
· 환경과 경제를 파괴합니다.
· 오롯이 이긴 일방적인 승자가 없습니다.

공익이라는 명분

석유는 누구의 것일까요? 석유와 가스 저유소에 접근할 수 있는 사람은 누굴까요? 또 그것은 누구의 이익일까요? 여기에는 많은 사람의 숟가락이 얽혀 있습니다. 우선 큰 석유 회사와 대주주가 있습니다. 채굴과 운영권에 관한 자격을 가진 정부도 숟가락을 얹고 있습니다. 국유 기업, 영향력 있는 개인, 국가 원수, 정치인 등도 밥상 앞에 앉아 있습니다. 이들은 자기 자신을 위해 일하는 걸까요? 사회 전체가 거래를 잘해 모두에게 좋은 결과를 얻게 될까요? 공익이라는 명분으로 사리사욕의 추구를 위장하고 있는 것은 아니겠지요?

■ **석유 산업에 대한** 지역적·국제적 규제로 환경, 공공의 보건과 안전을 도모할 수 있습니다.

■ **석유 회사는** 기술적인 노하우가 있으며 새로운 유전을 개발할 자본이 있습니다. 그 기업 덕분에 일자리가 생겨나고 경제적 수혜가 더 넓게 돌아갑니다. 정부는 세금이나 국가 석유 비축량에 의한 수입을 교육, 의료, 주택 공급에 사용합니다.

■ **역사상 손에 꼽는 많은 석유 억만장자가** 석유 대기업 BP처럼 돈을 예술, 교육, 연구 등에 기부하기도 했습니다.

■ **많은 석유 회사의** 경제력이 웬만한 국가의 그것보다 더 큽니다. 로열

더치 셸(Royal Dutch Shell), 엑손 모빌(Exxon Mobil), 시노펙(Siope-China Pertroum), BP, 페트로차이나(PetroChina) 같은 회사가 그렇습니다. 정부는 이들 기업보다 국민에 더 책임감을 느껴야 하겠죠.

■ **석유 회사는** 매년 정치인 로비와 정치 캠페인에 수백만 달러를 뿌리고 있습니다.

■ **친 석유 산업 정부는** 석유에 반대하는 사람들에게 극도로 가혹한 조치를 하기도 합니다. 니제르 델타에 사는 오고니족의 권리를 위해 싸우던 작가, 캔 사로-위와는 1995년 교수형을 당했습니다. 2013년에는 북극의 석유 시추를 반대 시위를 하던 그린피스 활동가 28명과 기자 2명이 총구를 겨눈 경찰에게 체포당해 러시아의 감옥에서 6개월 동안 감금되었습니다.

■ **석유 산업은** 그들의 활동에 반대하는 환경 운동가의 명예를 훼손하고 그들의 신뢰를 떨어트리기 위한 캠페인에 후원하기도 합니다.

그린피스의 '아틱 선라이즈(Arctic Sunrise)'호는 석유, 석탄, 포경에 관여하는 거대 기업에 맞서 수많은 환경 운동에 앞장섰습니다.

4장 더워지는 지구

한 여성이 지구온난화 3D 시뮬레이션을 보고 있습니다.

탄소 와 기후

이산화탄소는 지구 생명 주기의 자연스러운 일부분입니다. 우리는 이산화탄소를 내쉬고 식물은 그걸 흡수하지요. 바다와 숲도 많은 양의 이산화탄소를 흡수합니다. 하지만 이산화탄소는 대기 중에 존재하면서 지구의 표면을 덥히는 기체 중 하나입니다. 이 '온실가스'가 태양열이 빠져나가지 못하게 막습니다. 석유의 가장 큰 부작용이 기후위기와 환경오염이기에 우리는 이 문제를 더 깊이 짚지 않을 수 없습니다.

지구온난화

지난 150여 년간 지구 대기의 자연적인 기체 균형이 변했습니다. 현재 이산화탄소 농도는 3백만 년 만에 최고치를 경신하고 있으며 바다는 점점 더 산성화되고 있습니다. 온실가스가 하층 대기에 점점 더 많은 열을 가둬 두어서 지구는 점점 더워지고 있고, 온도의 상승도 점점 속도가 붙고 있습니다.

우주

햇빛

이산화탄소에 대해 따지자면

· 지구의 식물에 필요합니다.

· 지구를 따뜻하게 만들어 살기 좋게 합니다.

· 바다로 흡수됩니다.

· 석유나 가스를 태울 때 대량 배출됩니다.

· 대기 균형을 틀어지게 합니다.

· 지구의 과열을 조장합니다.

지구

① 태양에서 온 에너지가 지구 대기와 지표면에
부딪혀 다시 우주로 반사됩니다.

② 에너지가 지표면에 흡수되어
따뜻해집니다.

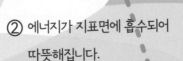

④ 에너지가 다시 우주로 방출됩니다.

온실가스

대기

⑤ 대기 중의 온실가스가 열기를
가두어, 대기를 계속 뜨겁게 합니다.

③ 지표면이 데워질수록
대기 온도도 올라갑니다.

기후위기의 대가

지구의 기후가 변하고 있습니다. 이건 새로울 게 없습니다. 지구는 빙하시 대를 거쳐 간빙기라는 따뜻한 시기를 지나가던 길이니까요. 약 백 년 정도씩 이어지는 일시적인 변화는 항상 있는 일입니다. 하지만 대부분의 과학자가 오늘날의 기후위기의 원인은 인류의 탄화수소 연소, 자동차, 발전소, 공장의 이산화탄소 배출 탓이라고 합니다. 이산화탄소를 흡수하던 넓은 숲이 벌목 되고 농경지를 조성하느라 나무가 태워지고 있습니다. 대기로 방출된 이산 화탄소는 메탄, 아산화질소 등 온실가스와 만나 지구의 온도를 날로 높이 고 있고요.

전 세계적인 빵 굽기 콘테스트

마치 전 세계가 빵 굽기 콘테스트를 여는 듯 지구가 달구워지면서 과학자 들은 위성으로부터 받은 정보, 전 세계 각지에서 받은 정보를 수집하고 있습 니다. 물론 어떤 사건의 원인이 기후위기 때문인지, 그저 한 지역의 기후 패턴 때문인지 구별하기 어려울 때도 있습니다. 하지만 점점 큰 그림이 그려지고 있습니다. 앞으로 일어날지도 모를 변화를 감지하기 위해 슈퍼컴퓨터도 동 원되고 있어요.

극단적인 날씨

지구온난화란 지구의 일부 지역이 실제로 매우 뜨거워진 걸 의미합니다. 오랜 가뭄이 이어지고, 산불이 빈발하고, 땅도 점차 사막화되겠죠. 하지만 또 어떤 지역은 강우량이 폭증합니다. 따뜻한 대기는 더 많은 수증기를 잡

기후위기를 억제하지 않으면 태평양의 키리바시처럼 저지대 섬은 해수면 상승 때문에 완전히 잠길지 모릅니다.

아 두거든요. 그러므로 열대 폭풍우, 홍수가 더 자주 횡행하고 예측이 더 힘들어지고 있습니다. 또 지구온난화로 바다가 확대되어 해수면이 상승합니다. 북극과 남극의 빙하가 녹아서 바닷물 수위가 더 올라간 거죠.

반사막

스페인의 바르데나스 레알레스는 현지 기후 패턴 때문에 만들어진 자연적인 반사막입니다. 일 년 내내 비가 거의 내리지 않아요. 하지만 기후위기 때문에 훨씬 더 많은 반사막이 생기고 있습니다.

시간이 남아 있기는 한 걸까요?

인류는 힘든 결정을 내려야 할지 모릅니다. 어느 곳은 버리고, 어느 곳은 거대한 방파제로 막아야 할지 결정해야 할 날이 올지 모릅니다. 어쩌면 아예 집단 이주해야 합니다. 음식이나 물이 부족해지지 않을까요? 우리는 이미 가뭄 같은 극단적인 기후 문제를 직면하고 있습니다. 아마 가장 큰 골치는 시간에 관한 것일 거예요. 기후위기를 대처할 시간이 아직 남아 있기는 한 걸까요? 우리의 노력이 너무 늦었거나, 턱없이 부족한 건 아닐까요?

기후위기에 대해 따지자면

· 거의 모든 과학자들이 인정하고 있습니다.
· 이미 막으려는 노력을 경주하고 있습니다.
· 새로운 기술과 해결법이 영감을 줄 수 있습니다.

· 예상하는 것보다 훨씬 더 심각합니다.
· 몇몇 정치인은 부정하고 있습니다.
· 일시에 막는 것이 불가능합니다.

> "기후위기는 더는 머나먼 문제가 아니다. 여기서, 지금 일어나고 있다."
>
> 버락 오바마, 미국 44대 대통령, 2015년

기후위기를 막기 위한 행동

과학자들이 처음으로 온실가스와 지구온난화에 대해 의구심을 가진 때는 1896년으로 한참 거슬러 올라갑니다. 그리고 이산화탄소 농도의 증가를 처음 확인한 것은 1960년대였습니다. 1968년 과학자들은 미국석유협회에 화석연료가 전 세계의 환경을 해치고 있다고 경고했습니다. 하지만 석유 회사는 과학자들의 정당한 요구를 거부하고 과학에 반기를 드는 캠페인에 거금을 투자했지요. 하지만 다행히 1970년대와 1980년대에 환경에 대한 대중의 관심이 폭발적으로 늘어났습니다.

지구서밋

사람들이 파리에서 개최되는 파리기후변화협약 회의 전날인 2015년 11월 29일에 미국 워싱턴 DC에서 글로벌 기후 행진을 하고 있습니다.

1992년이 되자 기후위기는 유엔의 가장 중요한 의제가 되었습니다. 그 결과로 유엔환경개발회의(UNCED)가 브라질의 리우데자네이루에서 열렸습니다. 이 '지구서밋'에는 117개 국가가 참여하였고, 비정부기구(NGO)가 주최한 글로벌포럼에는 만7천 명의 사람이 모였습니다. 1997년에는 기후위기를 막겠다고 의사를 밝힌 국가들은 교토의정서(교토프로토콜)를 채택했습니다.

파리에서의 시위

2014년 9월 21일 많은 국가의 사람들이 프랑스 파리에 집결하여 기후위기에 대응하는 거리 행진을 했습니다.

목표 설정

2015년 파리협정은 지구 평균 온도 상승 폭을 산업화 이전 대비 2℃로 제한하고, 더 나아가 온도 상승 폭을 1.5℃로 억제하자는 데 동의했습니다. 낮은 수치의 경우, 그러니까 지구 온도 상승 폭을 1.5℃로 억제하려면 2030년에서 2050년 사이 이산화탄소 배출 제로를 달성해야 실현 가능합니다. 많은 환경 운동가는 이 목표가 과연 달성 가능한 것인지 의구심을 표시하고 있지요. 한편 높은 수치(2℃)는 우리 앞에 놓인 문제의 마지노선을 의미합니다. 이 수치를 넘어가면 재앙이 온다는 뜻이죠. 불행하게도 우리가 이산화탄소 배출 제로를 달성한다 해도, 기후위기의 영향은 수백 년, 심지어 수천 년 동안 지속될 것으로 보입니다.

온도 상승에 대해 따지자면

· **2℃ 이하 상승 시** – 남극과 북극 빙하에 영향을 주고, 극단적인 날씨 문제가 발생합니다.
· **3℃ 이하 상승 시** – 산호초가 감소하고, 물 부족 문제가 심각해지며 농사에 큰 문제가 발생합니다.
· **4℃ 이하 상승 시** – 종이 소멸하거나 종의 대이동이 일어나고, 식량 부족 문제가 발생합니다.
· **5℃ 이하 상승 시** – 대규모 홍수가 발생, 기근과 질병이 창궐합니다.

우리에게 책임이 있는가?

기후위기와 관련해서 열띤 논쟁이 끊임없이 이어져 왔습니다. 25년 이상

갑론을박이 있었지만, 아직 많은 사람이 기후위기를 거짓말이나 음모론이라
고 주장합니다. 그러나 우리는 의견이 아니라 실제 현상에 주목해야 합니다.
과학자들 사이에서는 이 논제가 이미 결론이 나 있습니다. 기후위기는 지금
일어나고 있고, 그 주요 원인은 온실가스입니다.

▣ **기후위기에 관한** 정부 간 패널이라고 불리는 기구(IPCC)가 1988년에 두 유엔 산하기구, 세계기상기구(WMO)와 유엔환경계획(UNEP)에 의해 조직되었습니다.

▣ **IPCC는** 기후위기가 일어나고 있는 건 의심의 여지가 없다고 말합니다. 지난 세기 동안 지구는 0.8도 더워졌으며, 해수면은 10에서 20센티미터 상승했으니까요. 그리고 지난 60년 동안 인류의 활동이 지구온난화를 일으킨 주요 원인이라는 것에 95퍼센트 확신을 갖는다고 단언했습니다. 세계의 주요 과학자 대부분도 여기에 동의합니다.

▣ **IPCC는** 자체 연구를 하지는 않습니다. 그들의 일은 전 세계 과학 연구를 분석하고 비교하여 결론을 도출하는 것이죠.

▣ **2013년 4,014개의 과학** 보고서를 분석한 결과 97퍼센트가 지구온난화를 인정했고, 그 원인은 인류라고 말했습니다.

❝ ——————— **기후위기가 음모론이라고 주장하는 사람의 질문과 답**

☐ **질문** : 최근 몇 년간 증가한 태양 흑점이 지구온난화의 자연스러운 설명이 아닐까요?

■ **대답** : 아닙니다. 통계 자료에 따르면 태양 흑점이 보이는 순간 태양은

오히려 온도가 낮아진다고 합니다. 두 가지는 서로 연관이 없습니다.

□ **질문** : 최근 태평양에서 일어난 엘니뇨 같은 것은 완전히 자연적인 기후 사이클이 아닌가요? 그것들은 지구온난화의 증거가 아닙니다.

■ **대답** : 맞습니다. 엘니뇨는 남부 아프리카의 가뭄에 영향을 받았습니다. 모든 기후 문제가 지구온난화의 영향은 아닙니다. 기후위기는 다양한 요소의 복잡한 상호 작용의 결과입니다.

99

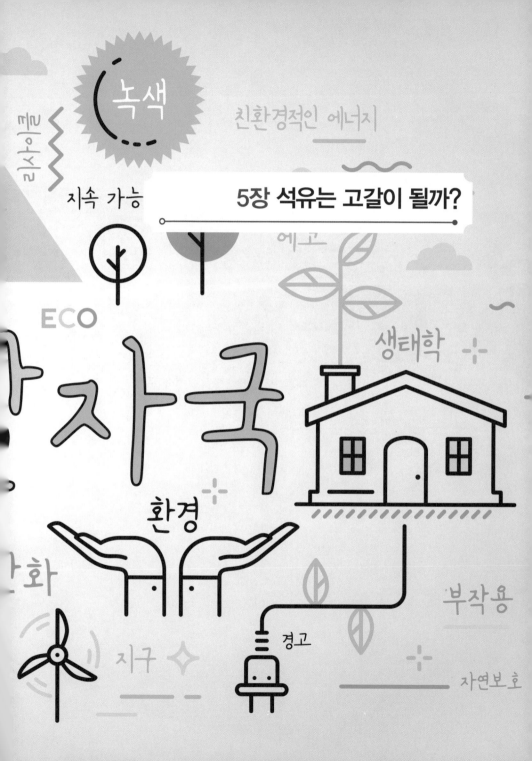

녹색

친환경적인 에너지

리사이클

지속 가능

5장 석유는 고갈이 될까?

에코

생태학

ECO

자국

생태학

환경

부작용

화

경고

지구

자연보호

더 깨끗한 선택

우리 인류도 화석연료에 대한 피로를 많이 느끼지만, 지구도 화석연료가 불러일으킨 기후위기에 지쳐 극단적인 날씨를 우리 인류에게 선사하고 있습니다. 사실상 지구도 임계점에 도달한 모양새이죠. 특히 21세기에 들어 나타난 코로나19와 같은 전염병의 세계적인 팬데믹은 더는 우리가 화석연료의 소비에 의존해서는 안 된다는 것을, 탄소 소비를 끊지 않으면 안 된다는 위기감을 그 어느 때보다 고조시키고 있습니다. 예전에는 재생 가능한 에너지, 청정에너지를 사용하는 게 권장사항이라고 봤다면 지금은 필수적인, 반드시 더 깨끗한 에너지를 선택해야 함을, 그리고 그 선택이 더 늦지 않아야 함을 보여주고 있습니다.

더 적은 발자국

에너지를 덜 소비하는 것도 좋지만, 태양광발전 같은 재생 가능한 에너지를 사용하는 것 또한 탄소발자국을 줄이는 좋은 방법입니다.

무엇을 할 수 있을까?

정부, 기업, 국회의원은 이산화탄소 문제를 해결할 다양한 방법을 검토해야 합니다.

· 그들은 개인보다 더 쉽게, 더 많이 환경을 개선할 수 있는 주체입니다. 숲을 보호하거나 새로운 숲을 조성하면, 이산화탄소를 흡수하는 탄소 싱크가 만들어지는 겁니다.

· 정유 공장 등 공장 굴뚝에서 나오는 이산화탄소를 포착하여 탄소 싱크나 지하 저유고에 저장할 수 있습니다.

· 도시에 탄소 배출이 많은 차의 통행을 금지하여 교통 체증이 없는 구역을 만들고 자전거 이용이나 보행을 권장할 수 있습니다.

· 전기차나 수소나 바이오디젤, 알코올 같은 비 화석 연료 차를 개발할 수 있습니다.

· 이미 존재하는 발전소는 규제하고 무탄소 재생 에너지를 개발할 수 있습니다.

· 기 전력망의 낭비를 줄이고 새로운 스마트 그리드와 저장법을 개발할 수 있습니다.

· 화석연료 세금을 높여 화석연료의 소비를 줄일 수 있습니다.

· 교토의정서에 따라, 국가끼리는 탄소배출을 거래할 수 있습니다. 이를 비판하는 사람들은 탄소 시장이 너무 복잡해 우리가 직면한 더 큰 문제를

해결하는 데 실패할 수 있다고 말합니다.

전기차에 대해 따지자면

· 화석연료를 소비하지 않아도 됩니다.
· 유지비가 더 적게 듭니다.
· 성능이 좋습니다.

· 충전소가 많이 필요합니다.
· 선택의 폭이 작습니다.
· 전기료가 올라갑니다.

2017년 8월 6일 테슬라 전기차 모델 S가 네덜란드 로테르담 거리에서 충전하고 있습니다. 이처럼 이제 세계의 많은 도시에서 전기차를 위한 충전소를 제공하고 있습니다.

정유 공장이 불을 밝히고 있습니다. 이곳에서 원유는 타르부터 휘발유까지 다양한 상품으로 변모합니다.

석유 없는 세상?

우리는 일상의 너무 많은 부분을 석유와 그 생산품에 의존하고 있습니다. 이런 상황에서 화석연료를 포기할 수 있을까요? 어떤 에너지가 석유를 대체할 수 있을까요? 석유 없는 세상을 만들기 위해서 어떤 기술과 마음가짐이 필요할까요?

◾ 우리는 얼마나 많은 젊은이를 석유, 가스 등 다른 자원을 얻기 위해 총알이 쏟아지는 전장에 보내야 할까요? **더는 필수적이지 않은 연료**를 채굴하기 위해서 북극처럼 얼마 남지 않은 아름다운 지구를 파괴하다니, 과연 그럴 만한 가치가 있을까요?

□ **기후위기의 위험은** 너무나 큽니다. 우리는 탄화수소 사용 습관을 완전히 버리고, 우리의 모든 기술과 지식을 이용하여 제품을 생산하고, 이동하고, 전력을 생산하는 새롭고 더 좋은 방법을 찾아야 합니다.

□ **바다가 플라스틱으로** 가득 차고, 산호초가 파괴되고, 강과 호수가 기름으로 오염되고, 새와 물고기가 죽는다면, 세상은 과연 어떤 모습일까요?

■ **우리는 알 수 없는 미래에** 직면해 있습니다. 우리는 새로운 기술을 개발해야 하고 자원을 현명하게 쓸 줄 알아야 합니다. 기후위기를 유발하지 않으면서 석유와 가스를 사용하는 방법을 찾든가, 제삼의 다른 방법을 찾아야 합니다.

> '무언가를 결정할 때마다 우리의 결정이
> 다음 일곱 세대에 어떤 영향을 끼칠지 고려해야만 한다.'
> 미국 원주민 이로쿼이족 연설, 18세기

석유와 가스의 미래

석유는 언제나 인류에게는 초미의 관심사였습니다. 유가가 올랐는지 내렸는지, 산유국이 어떤 정책을 펴는지가 우리의 평상시의 주된 관심사이지만, 오랜 시간 인류의 잠재의식 속에는 끙끙 앓아왔던 다른 문제가 있습니다. 그건 언제 고갈될지 모른다는 불안감입니다. 이 문제는 어떨 때는 석유 고갈될 날이 머지않았다고 온 세상이 떠들다가 또 몇 달 혹은 몇 년이 지나면 잠잠해지기도 하죠. 그것은 석유의 가채연수 때문입니다. 가채연수 (Reserves-to-Production Ratio)란 쉽게 말해 지금의 석유 소비 속도로 소비하면 석유가 몇 년 동안 버틸 수 있는지 측정한 지표입니다. 석유 메이저인 BP가 매년 발표하는데 2012년 현재로서는 52.9년입니다. 이 가채연수가 새로운 유전이 발견되거나, 채굴이 힘든 탄화수소를 채굴할 수 있는 기술이 개발되면 늘어나기도 합니다. 그래서 때로는 세상이 석유 고갈로 떠들썩해지기도 하고 가채연수가 늘면 잠잠해지는 것입니다. 실제로 2007년부터 2012년의 가채연수를 봐도 가채연수가 고무줄처럼 늘었다 줄기를 반복합니다. 2007년의 가채연수 41.6년, 2008년 42.0년, 2009년 45.9년, 2010년 46.2년, 2011년 54.2년, 2012년 52.9년입니다. 왜 그럴까요? 새로운 유전이 발견되었던가, 새로운 채굴 기술이 개발되었기 때문입니다.

대표적인 예가 셰일가스(석유 포함)입니다. 이것으로 가채연수가 상당히 늘어났습니다. 그래서 석유 고갈이라는 단어가 미디어에서 쏙 들어갔습니다.

또 어떤 사람은 셰일가스 발견으로 석유가 유기물이 퇴적되어 생산된 것이 아니라 지구 내부의 근원적인 물질인 무기물에서 생산되는 것이라고 주장을 합니다. 그래서 '석유 고갈'은 없다고 단언합니다. 물론 그럴 수 있습니다. 하지만 석유가 바닥을 드러낼 것은 분명합니다. 지구에 있는 탄화수소를 다 소진해 석유 시대가 막을 내릴 수도 있지만, 석유보다 더 경제성이 있는 에너지를 개발하여 석유 시대가 종언을 고할 수도 있다는 이야기입니다. 이것은 먼 미래의 이야기가 아닙니다.

우리가 석유라는 에너지에 집중하는 것은 효율성 때문입니다. 인류사에서 석유보다 효율성이 좋은 에너지가 없었습니다. 그래서 공기를 더럽히는데도 계속 사용할 수밖에 없었습니다. 하지만 석유를 채굴하는 비용보다 경비가 덜 드는 재생 가능한 대체 에너지가 개발되면 석유는 자연스레 다 소진될 수밖에 없습니다. 대표적인 일례로 현재 독일은 전기를 생산할 때 석유로 수증기를 가열하여 터빈을 돌리는 발전소의 단가보다 풍력이나 태양광으로 생산하는 전기의 단가가 더 낮습니다. 그렇다면 독일에서 탄화수소(석유와 석탄)에 기반을 둔 발전소가 자취를 감추게 될 것입니다. 독일이 그렇다는 것은 앞으로 유럽이 그렇게 될 것이라는 이야기고, 또 전 세계가 그렇게 될 것이라는 소립니다.

나날이 심각해지는 기후위기와 전염병의 세계적인 대유행이 우리를 그 어느 때보다 에너지 전환의 새로운 시대로 갈 것을 압박하고 있는 형국입니다. 우리는 여기서 예전에는 구현 가능하지 않았던, 아니 효율적이지 않고 말만 번지르르하다고 여겼던 풍력이나 태양광발전 같은 재생 가능한 에너지에 대한 오해를 풀 필요가 있습니다. 예전에는 이런 기술이 오해처럼 말만 예쁜 '꿈의 에너지'였습니다. 하지만 지금은 그렇지 않습니다. 되풀이 말하지만 화력발전보다 풍력발전의 단가가 더 싸다고 하는 것은 예전에는 꿈에도 생각하지 못했던 일입니다.

석유 고갈을 앞당기는 새로운 정책과 기술

2019년 12월 유럽연합(EU)은 유럽의 새로운 성장 동력으로 '그린딜(Green Deal)' 전략을 채택했습니다. 2050년까지 유럽연합 27개 회원국의 탄소 배출량을 제로로 만들겠다는 것이 핵심목표입니다. 여기에는 세 가지의 의미가

이 거대한 태양광발전소는 스페인 세비야에 있습니다. 중앙 탑에 배치된 거울이 햇빛을 집중시켜 태양 전지판 수백 개에 비춥니다. 우리나라 기업 한화 에너지가 건설했습니다. 키움증권은 스페인 태양광발전소 아홉 곳의 2,800억 원 규모의 대출 채권에 투자했습니다.

내포되어 있습니다. 첫째는 석유를 그만 태우겠다는 뜻입니다. 더는 화석연료의 부작용인 환경오염과 기후위기를 방치하지 않겠다는 선언이죠. 그리고 그 선언을 더는 선한 의지나 어떤 사회적인 운동에 맡기지 않고 이윤 획득이라는 경제적인 목표로 선정을 해서 그것을 달성하겠다는 뜻입니다. 아무래도 경제적인 목표가 되면 그것을 이루려는 욕구가 더 강해질 수밖에 없습니다. 이것이 두 번째 의미입니다.

자동차 정기 점검 때마다 엔진 오일양을 점검합니다. 전기차에는 엔진 오일 이 필요 없습니다.

셋째는 화석연료에 기반을 둔 시장에는 이제 새로운 먹거리가 없다고 본 것입니다. 화석연료에 기반을 둔 지금의 시장은 경쟁이 심하다 못해 포화상 태에 도달했습니다. 유럽연합은 새로운 시장은 그 어느 때보다 인류의 니즈 (Needs)가 강력해진 '탈탄소경제'에 있다고 본 것이죠. 그리고 탈탄소 에너 지, 즉 재생 가능한 에너지 시장이 기술력 향상으로 시장성이 있다고 판단한 것입니다. 이 목표 달성을 위해 유럽연합은 향후 10년 동안 최대 1조 유로(약 1405조 원) 규모를 투자합니다. 정부나 국가가 이런 목표를 제시하고 세금을 쏟아 부겠다는 것은 사실상 실현 가능하다는 판단과 계산이 없으면 할 수 없습니다. 국가가 막대한 재정을 퍼붓겠다고 선언하면 최대 이윤을 추구하는 기업이 가만히 있지 않습니다. 기업들은 국가사업을 대행하는 것이 가장 큰 돈벌이임을 잘 알고 있습니다. 어떤 분야가 국가사업이 된다는 것은 그만큼 수요가 많고 돈이 된다는 뜻입니다. 이미 테슬라와 현대기아차 같은 전기차 기업은 실현 가능성이 있는 전기차를 개발하기 위해 밤낮없이 뛰고 있습니다. 그리고 세계적인 배터리 업체인 LG화학이나 삼성SDI 등은 무게가 가볍고, 사용 시간이 긴 배터리, 또 고속 충전이 가능한 배터리를 개발하기 위해 동분서주하고 있습니다.

사실 미국도 2008년 금융위기 때 버락 오바마 전 대통령이 그린뉴딜 정책을 들고 나와 경제적 위기를 타개하기 위해 노력을 한 적이 있습니다. 당시 1500억 달러를 태양광과 풍력 등 신재생 에너지 기술 개발에 투자해 500만개의 일자리를 창출한다는 목표로 움직였죠. 하지만 2017년 도널드 트럼프 미국 대통령이 자국을 파리기후변화협정을 탈퇴시키는 등 그린뉴딜에 반대하면서 관련된 많은 정책이 중단되거나 폐지됐습니다. 하지만 미국 역시 이러한 흐름에서 벗어날 수 없습니다. 많은 경제학자나 기업인들이 탄소에 기반을 둔 경제가 한계에 도달했음을 알고 있으니 말입니다. 2020년 11월 미국 대선에 나서는 민주당 후보 조 바이든 전 부통령이 대대적인 '그린뉴딜' 투자 계획을 밝히고 있고 또 트럼프 미 대통령이 재선되더라도 경제 성장에 역점을 두고 있어, 조 바이든 정책과 유사한 '그린뉴딜' 정책을 펼 수밖에 없을 것으로 사려됩니다. 미국도 이미 2050년까지 순 탄소배출량을 제로로 만들겠다는 목표를 세웠습니다. 온실가스 배출 1위 국가인 중국도 화석연료 의존도를 낮추려는 노력을 하고 있습니다.

세계 여러 나라의 그린딜 혹은 그린뉴딜 정책이 가장 성과를 보여주고 있는 부문이 앞에서 말한 전기차 및 수소차 그리고 신재생 에너지 부문입니다. 지금도 대로에 나가보면 가끔씩 전기차가 눈에 띄고, 유럽에 가면 수없이 많은 풍력발전기와 태양광발전 패널이 보입니다. 2016년 현대차의 전기차인 아이오닉(IONIQ)의 주행 거리가 191km였습니다. 내연기관차의 주행 거리는 보통 600km정도 됩니다. 하지만 아이오닉의 주행 거리가 날로 늘고 있으며 테슬라의 전기차 모델S는 1회 충전으로 480Km 이상 갈 수 있습니다. 전기충전소도 2020년 환경부에 따르면 사용 가능한 전기충전소 개수가 1362개인데 나날이 늘이고 있는 상황입니다. 이런 정책과 기술들이 석유 시대의 종언을 앞당길 것입니다.

새로운 방향에 대해 따지자면...

· 탄화수소로 인한 오염을 끝낼 것입니다.
· 자원 낭비를 줄인다.
· 대체 과학 기술이 탄생한다.

용어 설명

아스팔트 도로포장, 지붕, 바닥 공사에 사용되는 끈적끈적하고 검은 반고체 상태의 석유

탄소 생물뿐만 아니라 석유와 천연가스에서도 발견되는 화학 원소

촉매 변환 장치 자동차 배기구에 위치한 장치로 독성 있는 가스를 덜 해로운 가스로 변환시킨다.

기후 한 지역의 오랜 기간에 걸친 날씨 상태

연소 내연기관에서 연료와 산소가 결합했을 때처럼, 무언가 타는 과정

화합물 수소와 산소처럼 둘 이상의 서로 다른 원소가 섞여 있는 물질

원유 땅속이나 유정에서 발견되는 정제 과정을 거치기 전의 자연 상태의 석유.

디젤 디젤 엔진에 사용되는 연료로 석유의 한 종류

생태계 생물 집단과 그 주변 환경 사이의 관계

배출 대기 중에 가스나 오염 물질을 내보내는 것. 특히 화석연료가 탈 때 이산화탄소가 배출된다.

배기구 자동차에 달린 파이프로, 엔진에서 배출되는 가스와 매연이 빠져나오는 곳

비료 식물의 성장을 돕기 위해 땅에 뿌리는 물질

화석연료 가스, 석탄, 석유처럼 생물로부터 만들어진 유기질

프래킹 석유 및 가스를 포함한 셰일 암석에 구멍을 내고 물, 화학 물질, 모래를 고압으로 주입하여 암석을 깨트리고 석유 및 가스를 얻는 방법.

지질학자 토양층, 암석, 지구의 물리적 속성을 연구하는 사람

탄화수소 수소와 탄소의 화합물로 석유나 천연가스가 있다.

등유 석유를 가열, 증류하여 만들어 낸 연료로 주로 제트 엔진에 사용된다.

메탄 천연가스의 95퍼센트를 이루는 색이 없는 인화성 가스

분자 한 물질을 이루는 가장 작은 입자

나프타 다양한 탄화수소를 포함하고 있는 인화성 오일. 휘발유, 셰일, 석탄을 증류하여 만들어짐.

국유화 석유 산업 같은 특정 산업을 정부가 소유하고 관리하는 것

천연가스 주로 메탄과 다른 탄화수소로 이루어진 인화성 가스. 땅속에 자연 상태로 존재한다.

오일샌드 끈적끈적한 석유가 적셔져 있는 부슬부슬한 모래. 타르라고도 불린다. 캐나다에 대규모로 매장되어 있다.

BP 영국의 석유 회사 1909년에 설립, 1982년에 BP(영국국영석유회사 : The British Petroleum Co., PLC)로 기업명 변경. 로열 더치 쉘과 엑손 모빌과 함께 세계 3대 석유 회사다.

기후위기 기후변화라고도 한다. 지구의 평균 기온이 변화는 현상이다. 과학자들은 인류의 탄소 소비로 일어난다고 보며, 최근에는 경각심을 더 주기 위해 기후위기라고 한다.

유기질 흙이나 원유처럼 자연 물질, 생물로부터 형성된 것

살충제 식물이나 농작물에 해를 끼치는 곤충과 동물을 죽이는 약으로 석유 화학 물질로 만든다.

석유화학 물질 석유나 천연가스의 증류를 통해 얻은 물질. 다양한 상품, 재료, 플라스틱 등에 사용된다.

플라스틱 석유 화학 물질에서 얻어낸 것으로 틀을 만들어 딱딱하게 굳혀 낼 수 있다. 장난감, 컴퓨터, 전화기, 건축 자재처럼 많은 종류의 제품에 사용된다.

폴리스타이렌 열을 가하면 말랑해지고, 식히면 딱딱해지는 플라스틱으로 가장 널리 사용됨. 일회용 식기 도구와 보호 포장에 흔히 쓰임.

폴리우레탄 열을 가하면 단단해지는 플라스틱 종류로, 바닥 코팅제를 포함해 다양한 상품 생산에 사용됨.

발전소 나누어 쓸 전력을 만들어 내는 장소

재활용 이미 만들어졌거나 사용된 것을 가지고 새로운 것을 만드는 일

정제 석유 같은 물질에서 불순물을 제거하는 것

지진계 땅의 움직임을 측정하는 장치

셰일 진흙이나 점토로 이루어진 부드러운 암석으로 쉽게 부서진다.

스모그 대기 중 화학 오염 물질이나 연기 때문에 심해진 안개니 연무

태양광발전 열이나 전기를 생산하기 위해 태양광을 이용하는 것

침하 땅의 일부가 점진적으로 가라앉거나 함몰되는 것

황 불쾌한 향이 강하게 나는 노란 화학 물질. 정유 공장에서 원유에 있는 황을 제거한다.

열가소성수지 열을 가하면 부드러워지고 다시 식히면 단단해지는 플라스틱 종류

열경화성수지 한 번 열을 가해 모양을 만들면 다시 변형이 힘든 플라스틱 종류

지하수면 물에 흠뻑 젖은 암석이나 흙의 가장 윗면. 땅속 대수층의 표면.

찾아보기

디베이트 월드 이슈 시리즈

세상에 대하여 우리가 더 잘 알아야 할 교양

전국사회교사모임 선생님들이 번역한 신개념 아동·청소년 인문교양서!

《디베이트 월드 이슈 시리즈 세더잘》은 우리 아이들에게 편견에 둘러싸인 세계 흐름에서 벗어나 보다 더 적확한 정보와 지식을 제공합니다. 모두가 'A는 B이다.'라고 믿는 사실이, 'A는 B만이 아니라, C나 D일 수도 있다.' 라는 것을 알려 주면서 아이들이 또 다른 진실을 발견하도록 안내합니다.

★ 전국사회교사모임 추천도서 ★ 문화체육관광부 우수교양도서 ★ 한국간행물윤리위원회 청소년 권장도서
★ 서울시교육청 추천도서 ★ 보건복지부 우수건강도서 ★ 아침독서 추천도서 ★ 대교눈높이창의독서 선정도서
★ 학교도서관저널 추천도서

세 상에 대하여 우리가 더 잘 알아야 할 교양

★《세상에 대하여 우리가 더 잘 알아야 할 교양 시리즈》
세더잘은 계속 출간됩니다.

각 권 12,000~14,000원

내인생의책 은 한 권의 책을 만들 때마다
우리 아이들이 나중에 자라 이 책이 '내 인생의 책'이라고 말할 수 있는 책을 만들고자 합니다.

세상에 대하여 우리가 더 잘 알아야 할 교양

 (84) **석유** 고갈될까?

필립 스틸 글 ㅣ 윤영 옮김

초판 인쇄일 2020년 9월 7일 ㅣ 초판 발행일 2020년 9월 21일
펴낸이 조기룡 ㅣ 펴낸곳 내인생의책 ㅣ 등록번호 제10-2315호
주소 서울시 성동구 연무장5가길 7 현대테라스타워 E동 1403호
전화 02) 335-0449, 335-0445(편집) ㅣ 팩스 02) 6499-1165
전자 우편 bookinmylife@naver.com ㅣ 홈페이지 http://bookinmylife.com

QUESTION IT! Series
5. oil by Philp Steele
Copyright ⓒ Wayland, 2017
All rights reserved.

Korean Translation Copyright ⓒ 2020 by THE BOOKINMYLIFE
Korean edition is published by arrangement with Hodder and Stoughton Limited
through Imprima Korea Agency

ISBN 979-11-5723-636-7 (44300)
　　　979-11-5723-620-6 (세트)

책값은 뒤표지에 있습니다. 잘못된 책은 구입처에서 바꾸어 드립니다.

이 도서의 국립중앙도서관 출판예정도서목록(CIP)은 서지정보유통지원시스템 홈페이지(http://seoji.nl.go.kr)와
국가자료종합목록 구축시스템(http://kolis-net.nl.go.kr)에서 이용하실 수 있습니다. (CIP제어번호 : CIP2020036386)

내인생의책에서는 참신한 발상, 따뜻한 시선을 가진 원고를 기다리고 있습니다.
원고는 나무의 목숨값에 해당하는 가치를 지녔으면 합니다.
원고는 내인생의책 전자우편이나 홈페이지를 이용해 보내 주세요.

어린이제품 안전 특별법에 의한 제품 표시
제조자명 내인생의책 ㅣ **제조 연월** 2020년 9월 ㅣ **제조국** 대한민국 ㅣ **사용연령** 5세 이상 어린이 제품
주소 및 연락처 서울시 성동구 연무장5가길 7 현대테라스타워 E동 1403호 02) 335-0449